Baobab heißt der Affenbrotbaum, in dessen Schatten sich die Menschen Geschichten erzählen. Baobab heißt auch die Buchreihe, in der Bilderbücher, Kindergeschichten und Jugendromane aus Afrika, Asien, Lateinamerika, Ozeanien und dem Nahen Osten in deutscher Übersetzung erscheinen. Herausgegeben wird sie von Baobab Books, der Fachstelle zur Förderung kultureller Vielfalt in der Kinder- und Jugendliteratur. Informationen zu unserem Gesamtprogramm und unseren Projekten finden Sie unter **www.baobabbooks.ch**

Dieses Buch wird ergänzt durch eine digitale Animation sowie Materialien für den Schulunterricht. Erhältlich unter www.onilo.de.

Baobab Books dankt terre des hommes schweiz und zahlreichen weiteren Geldgebern für die finanzielle Unterstützung.

Ein großer Freund
Copyright © 2015 Baobab Books, Basel, Switzerland
Alle Rechte vorbehalten

Text: Babak Saberi
Illustration: Mehrdad Zaeri
Übersetzung aus dem Persischen: Nazli Hodaie
Lektorat: Sonja Matheson
Typografische Gestaltung: Grafik und Gestaltung Babette Klöpfer
Herstellung: Bernet & Schönenberger, Zürich
Druck: Druckerei Uhl GmbH & Co., Radolfzell
ISBN 978-3-905804-63-8

Originalausgabe

EIN GROSSER FREUND

Babak Saberi (Text)   Mehrdad Zaeri (Illustration)

Aus dem Persischen von Nazli Hodaie

BAOBAB BOOKS

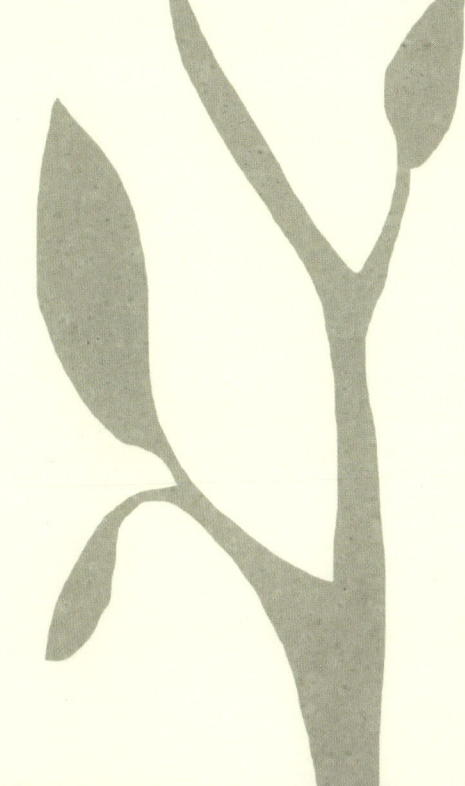

Eines Tages kam der kleine Rabe nach Hause
geflogen und berichtete glücklich:
»Mama, endlich habe ich einen Freund gefunden!
Sieh, er steht vor unserem Nest.«

Die Rabenmutter blickte hinaus.
Aber ... was sah sie denn da?
»Meine Güte ...«
»Mama, das ist seine Nase.«
»Mein Mädchen!
Habe ich dir nicht gesagt, du
solltest einen Freund finden,
mit dem du spielen kannst?
Einen, der so groß ist wie du.
Das ist ja ein ...

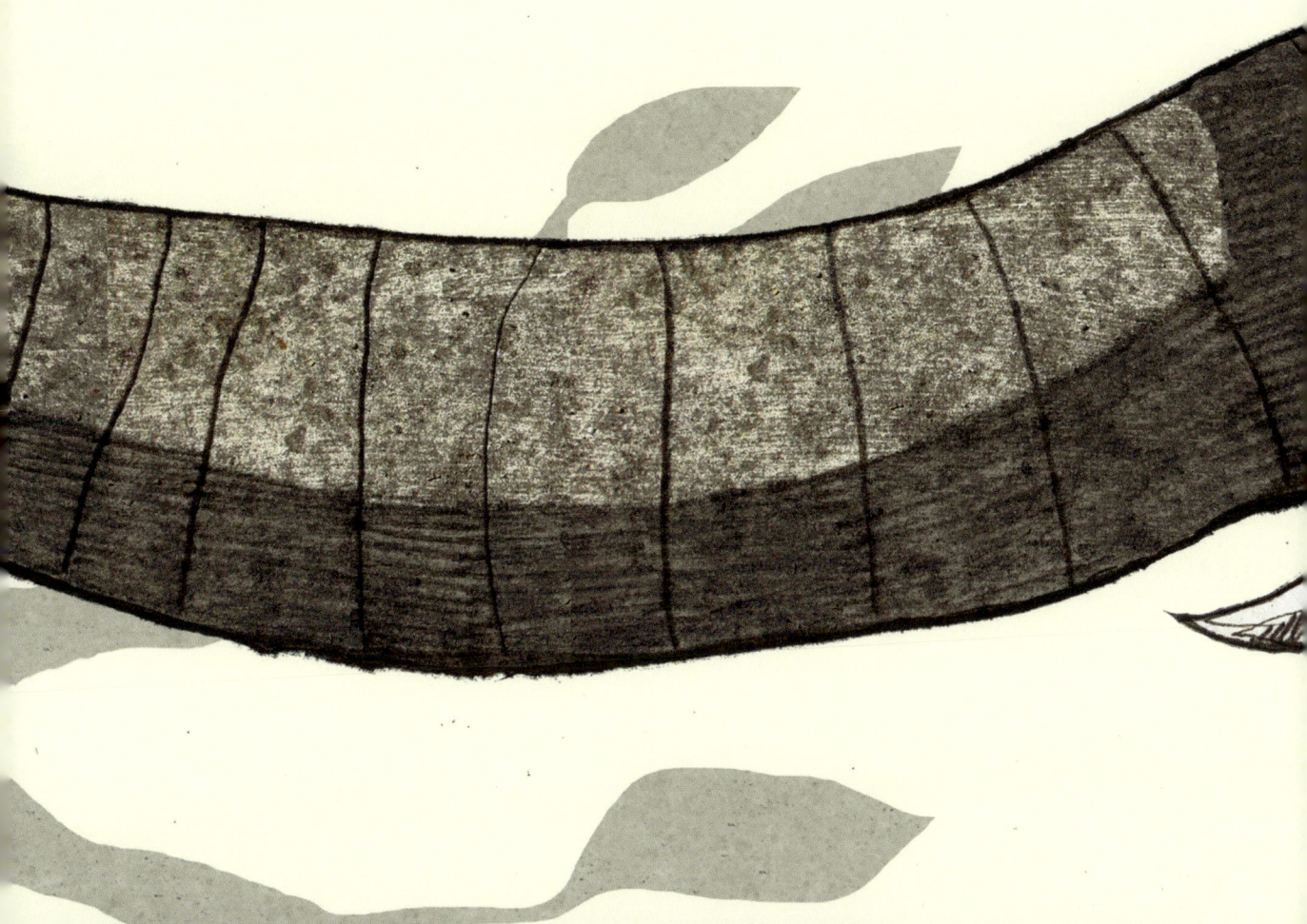

»… Elefant!«

Der kleine Rabe war erstaunt:
»Mama, wer sagt denn, wir
seien nicht gleich groß?
Schau, wenn ich etwas tiefer
fliege und er etwas in die
Höhe springt, dann sind wir
genau gleich groß.«

»Und wenn ich auf dem
großen Stein döse und
er sich auf die Wiese legt,
sind wir auch gleich groß.
Dann ruhen wir uns aus.
Das macht der Elefant
nachmittags gerne.«

»So einfach ist es nicht«,
meinte die Rabenmutter.
»Komm nur nicht auf die Idee,
mit ihm herumzutollen!«
»Nein, sicher nicht.
Mach dir keine Sorgen!«

»Und laufe nie mit ihm in den Fluss hinein,
um deine Füße zu kühlen oder Wasser zu trinken!«
»Nein, Mama, so was mache ich nicht.
Ich bin doch kein Elefant.«

»Sag mal, kannst du überhaupt
Elefantisch?«, fragte die Mutter.
»Nein, das kann ich nicht.«
»Wie sprichst du denn mit ihm?«
»Na, mit Zeichen und mit Blicken.«

»Schau, Mama, sogar unsere Schatten sind gleich groß!
Wir werden uns die schönsten Geschichten erzählen.«

Als der kleine Rabe und der Elefant sich auf den Weg machten, schaute die Rabenmutter den beiden hinterher und rief: »Mein Kind, hör zu! Komm nicht auf die Idee, ihm zu zeigen, wie er von der Mauer springen kann.«

»Mama, mach dir keine Sorgen,
natürlich mache ich das nicht.
Er ist ein Elefant, ein einfacher Elefant.

Kein fliegender Elefant.«

Der Autor

Babak Saberi wurde 1965 im Iran geboren und lebt heute in Yazd, einer Stadt im Zentrum des Iran. Obwohl er als Chirurg tätig ist, sieht er seine wahre Berufung in der Kinderliteratur. Er liebt es, Geschichten hervorzuzaubern und nutzt jede Gelegenheit, um sie Kindern gleich selbst zu erzählen.

Von den zahlreichen Büchern, die Babak Saberi für Kinder geschrieben hat, ist »Ein großer Freund« seine erste Veröffentlichung in deutscher Sprache. Zu diesem Buch sagt er: »Auch meine Mutter hat mich früher stets ermahnt, mit gleich Großen zu spielen. Aber Größe hat so viele unterschiedliche Bedeutungen. Ich glaube, es ist etwas vom Wichtigsten, dass wir in einer Freundschaft aneinander wachsen können.«

Der Illustrator

Mehrdad Zaeri kam 1970 in Isfahan im Iran auf die Welt. Als er 14 Jahre alt war, flüchtete seine Familie nach Deutschland. Heute lebt er in Mannheim und arbeitet als freier Künstler und Buchillustrator. Als Mehrdad Zaeri die Geschichte von Babak Saberi gelesen hatte, wusste er gleich, dass er sie illustrieren möchte. »Meine Familie musste lernen, in einer fremden Umgebung zu leben. Das war nicht einfach und gerade meine Eltern hatten in Deutschland keinen sicheren Boden unter den Füßen. Als ich ein eigenständiges Leben beginnen wollte, hatten sie große Ängste. Es hat lange gedauert, bis sie gemerkt haben, dass sie sich um mich keine Sorgen machen müssen. Deshalb ist diese Geschichte auch meine Geschichte.«